내 사랑 36.5

내 사랑 36.5

펴낸날   초판 1쇄 2025년 12월 5일

지은이   임복희
펴낸이   서용순
펴낸곳   이지출판

출판등록   1997년 9월 10일
등록번호   제300-2005-156호
주소   03131 서울시 종로구 율곡로6길 36 월드오피스텔 903호
대표전화   02-743-7661 팩스 02-743-7621
이메일   easy7661@naver.com
창작지도   윤보영감성시학교
디자인   김민정
인쇄   ICAN
물류   (주)비앤북스

ⓒ 임복희 2025, Printed in Seoul, Korea

값 13,000원

ISBN 979-11-5555-273-5 03810

※ 저자와 합의하여 인지는 생략합니다.
※ 이 책의 전부 또는 일부 내용을 재사용하려면 사전에 저작권자와
   이지출판의 동의를 얻어야 합니다.
※ 잘못 만들어진 책은 구입하신 서점에서 교환해 드립니다.

임복희 감성시집

내 사랑 36.5

이지출판

● **추천의 글_ 장사현** 문학평론가, 『영남문학』 발행인

서사적 소재를 서정적 감성으로 위트(wit)하게 풀어낸 시편

　임복희 시인의 시집 『내 사랑 36.5』 출판을 축하합니다. 필자는 몇 년 동안 임복희 시인의 시와 수필을 많이 읽어 온 독자로서 그의 인품과 작품성을 높이 평가해 왔다. 작가의 시편에는 올곧은 사고와 좋은 감성이 깃들어 있어 인식의 가치, 정서적 가치, 미적 가치가 돋보인다.

　작가는 서사적 스토리를 묘사한 시어의 배열 기법과 표현에 서정성이 흠뻑 묻어나고 있다. 또 섬세하고 정적이며 서경의 세계를 유려하게 그려 낸 시편 속에 선경후정(先景後情)의 구성으로 되어 있으며, 위트한 시 세계가 독자의 시선을 끌고 갈 것으로 여겨 추천의 변을 덧붙인다.

　현대문학에서 '좋은 시의 기준'에 대하여 정답이 없다. 신춘문예와 주요 공모전 당선작이 '잘 지은 시'는 될 수 있어도 다 '좋은 시'라고 할 수는 없다. 문학 범주에 들자면 우선 '문학적 형상화'라는 것은 기본 요소가 된다. 그 창작 기법에 있어서는 문예사조의 변천처럼 다양한 의견이 대립되고 있을 뿐이다.

임복희의 시는 독자를 편안하게 끌어들여 '나'의 이야기를 '우리'의 이야기가 되게 하며 여운을 남게 한다. 그중 「월광 소나타」, 「복덩이」, 「명사십리」 등 많은 시들이 위트하고, 「고추잠자리」, 「별이 그리고 가을이」, 「꽃처럼 곱다」 등의 시가 선경후정의 구성으로 결미에 의미를 함축하고 있다. 또 「산딸기」는 시각적 심상으로 형상화하면서 은유법이 적절하며 「월하의 공동묘지」 등 많은 시는 서사적 소재를 서정적 감성과 은유로 형상화하고 있다.

시집 표제작 「내 사랑 36.5」는 주제 의식이 명료하다. '글은 곧 사람이다'라는 말이 있듯이 임복희 시인의 인품과 똑같은 시다. 작가는 항상 '중용의 도(中庸之道)'를 지키며 기독교 신앙으로 바른 사고와 인식으로 생활하고 있다. 이 시에서도 감정의 온도를 물리적 온도와 연결하여 인간의 사랑과 성품을 탐구하는 작품이다. 36.5라는 구체적인 수치를 통해 사랑의 적정 온도를 중심으로 인간관계에서의 '균형과 절제, 따뜻함의 유지'라는 철학적 메시지를 전달하고 있다.

임복희 시인의 시집 속에는 테마가 있고 철학적 깊이가 있으며 낭만과 무드가 있어 독자의 입가에 웃음을 짓게 한다. 서사적 스토리마다 회화적 요소와 의미적 요소가 담겨 있고 순수 주정시로서 인간미를 느끼게 한다.

특히 구순이 넘으신 시어머니를 지극히 봉양하는 그 효심에는 고개가 숙여진다. 작금에 우리 사회 현상을 보면 사회 상규와 가치관의 기준이 없다. 이런 시점에 임복희 시인의 시집 한 권을 읽으면 마음 정화가 되지 않을까 싶어 자신 있게 추천한다.

● **추천의 글**_ **윤보영** 커피시인

  임복희 시인은 참 사랑이 많은 분입니다. 그 사랑을 모두 시 속에 담았으니, 시를 읽다 보면 저절로 행복해질 수밖에 없습니다.

  이처럼 사랑을 시로 나누는 시인! 어쩌면 시인은 어린 시절부터 이미 시인이었을지도 모릅니다. 꽃 한 송이도 그냥 지나치지 않고, 하늘의 구름조차 그냥 흘려보내지 않고 가슴에 메모해 두었다가 시집 속에 고이 옮겨 담았습니다.

  참 바쁜 시대를 살아가는 우리지만, 우리 가슴속에도 임복희 시인처럼 여린 감성이 자리하고 있습니다. 다만 대부분 그 감성의 문을 닫아 둔 채 열 생각을 하지 못할 뿐입니다. 하지만 시인은 그 문을 먼저 열었습니다. 열린 문을 통해 앞으로 더 많은 사랑이 시로 쏟아져 나올 것으로 기대합니다.

  임복희 시인도 처음에는 '내가 어떻게 시를 쓰지?' '내가 시집을 낸다고?' 이렇게 생각했을지 모릅니다. 하지만 결국 시를 썼고, 시집을 발간했습니다. 그래서 이 시집은 시 쓰기와 시집 발간을 망설이는 분들에게 좋은 지침서가 될 것입니다. 또한 '시를 쓸 수 있고, 시집 발간도 가능하다'는 저의 제안을 믿고 잘 따라와 준 시인에게 고마움을 전합니다.

임복희 시인은 지금부터가 시작입니다. 앞으로 이어질 사랑 이야기가 더 많은 시가 되고, 다시 그 시가 사람들 가슴에 더 큰 사랑으로 담기게 될 것입니다. 그런 시인을 위해 늘 곁에서 함께하겠습니다. 그리고 시 속의 주인공이 되어 주신 가족분들께도 진심으로 감사드립니다. 고맙습니다.

      윤보영감성시학교가 있는 '휴이야기터'에서

● **추천의 글_ 김원태** 홀트아동복지회

긴 세월, 한 사람의 마음이 시가 되어
내 이웃과 생명의 시작 곁에 머물며,
사랑으로 시간을 길러 온 삶이 노래가 된 것 같습니다.

그 노래는 계절의 빛처럼 고요하고,
이웃의 손을 잡는 따뜻한 온기로 피어납니다.
삶을 품은 마음이 사랑의 노래로 완성되어,
우리에게 다시 일어나 사랑하라고 말하는 것 같습니다.

이 시집의 수익은 홀트아동복지회를 통해 도움을 받고 있는 한부모가정을 위해 써달라고 하셨습니다.
시인께서 전해 주신 그 마음을 담아,
한부모가정과 아이들의 삶에 귀하게 사용하겠습니다.

이 시집이 독자 여러분의 마음에도 머물러
조용한 위로와 사랑의 여운으로 남길 바라며,
다시 한번 임복희 시인님과 독자 여러분께
감사 말씀을 전합니다.

● **추천의 글_ 강민정** 경영컨설팅 박사

임복희 님께 드리는 따뜻한 마음의 편지

한 줄의 시가 한 사람의 마음을 살리고, 한 권의 시집이 한 생의 온도를 기록합니다.
임복희 님의 시집 『내 사랑 36.5』는 삶의 온기를 지켜온 한 사람의 긴 여정이자, 선한 마음으로 세상을 바라본 기록입니다.

유년 시절 '전국선행어린이선발대회'에서 보여 주었던 그 순수한 마음은 세월이 흘러도 변함없이 시인의 내면에 머물렀습니다. 그 마음은 세상의 거친 풍파 속에서도 이끼처럼 푸르게 자라, 마침내 시가 되어 세상 밖으로 나왔습니다.

뜨겁지도, 차갑지도 않은 36.5도의 온도처럼 임복희 님의 시는 따뜻하지만 절제되어 있고, 섬세하지만 강인합니다. 그 안에는 사랑과 성품, 그리고 인간에 대한 믿음이 조용히 숨 쉬고 있습니다.

희망리턴패키지를 통해 다시금 '문학소녀'의 꿈을 품고 그 꿈을 현실로 꽃피우신 임복희 님! 당신의 시집은 단순한 출간이 아니라, 한 생의 진심이 세상과 만나는 아름다운 시작입니다.

 이제, 당신의 시가 누군가의 마음에 작은 불씨가 되고, 지친 하루의 위로가 되기를 바랍니다. 어제도, 오늘도, 내일도— 그 따뜻한 36.5도의 사랑으로 시를 쓰는 시인, 임복희 님께 진심으로 축하와 존경을 보냅니다.

● 시인의 말

내면의 여행에서 막 돌아온 듯합니다.
심연에 깔려 있던 이끼들을 끄집어 올렸습니다.
부끄러움을 감내해야 하는 부담감도 있었지만,
칠십이라는 나이가 용기를 주었습니다.

심연의 이끼들을 꿰어 보니 시(詩)가 되었고,
그 시들을 묶으니 한 권의 시집이 되었습니다.

심연의 기행문을 쓸 수 있도록 등대가 되어 주신 『영남문학』 장사현 이사장님, 그리고 늘 용기를 주신 커피시인 윤보영 선생님께 머리 숙여 감사드립니다.

이 여행이 끝이 아니라 새로운 시작이라고 믿습니다.
앞으로도 시어(詩語)를 찾아 떠나는 여정은 멈추지 않으렵니다. 사랑이니까요!

모든 영광을 나의 주인 되시는 주님께 올립니다.

2025년 12월
임복희

● **차례**

추천의 글_ **장사현** 문학평론가, 영남문학 발행인 • 4
추천의 글_ **윤보영** 커피시인 • 7
추천의 글_ **김원태** 홀트아동복지회 • 9
추천의 글_ **강민정** 경영컨설팅 박사 • 10
시인의 말 • 12

제1부 내 안에 심은 꽃

사랑이 더 좋다 • 18
바다와 하늘 • 19
봄비 • 20
골목길 • 21
흐린 오월 • 22
잔디의 철학 • 24
봉숭아꽃 • 26
삼월 삼짇날 • 27
가을 • 28
하늘에 그린 얼굴 • 29
가을 하늘 • 30
가랑잎 • 31
가을비 • 32
아픈 영혼 • 33
또바기 • 34
은행잎 • 35
사랑을 피우다 • 36
내 안에 심은 꽃 • 37
맑음 • 38
해바라기 • 39
나의 하나님 • 40
36.5 • 42
이루어질 수 없는 사랑 • 43
까만 국수 • 44

제2부 오빠의 월광 소나타

기억 도둑 • 48
잃어버린 소녀 • 52
웃음보 • 54
아버지 • 56
아버지와 연필 • 58
새끼줄 • 60
산딸기 • 64
소나기 • 68
냄새 • 71
도도한 언니 • 74
경계선 • 78
오빠와 남동생 • 80
칼국수와 수제비 • 84

꽃처럼 곱다 • 50
누구세요? • 53
틀니 • 55
연필 냄새 • 57
몽당연필 • 59
고추잠자리 • 62
성못길 • 66
최고 멋쟁이 • 70
월광 소나타 • 72
사랑할 줄 아는 아우 • 76
월하의 공동묘지 • 79
보름달 • 82

제3부 국수 같은 사랑

아들 • 86
국수 같은 사랑 • 89
신호등 • 91
비밀 • 93
아들 연필 • 95
애교쟁이 • 97
가을이 • 100
초록 근육 • 104
생각 • 106
빨간불 • 110
황금시대 • 114
오이꽃 • 117

웃는 집 • 88
회색 거짓말 • 90
저울 • 92
복덩이 • 94
둘 다 좋아 • 96
별이 • 98
별이 그리고 가을이 • 102
얼룩이 • 105
새순 • 108
첫사랑 • 112
조각구름 • 116
빛나는 밥상 • 118

제4부 과메기가 이긴 날

명사십리 · 120
능소화 · 124
딸 부잣집 김밥 · 126
이사 · 129
친구 · 132
꽃물 · 134
애국심 · 137
덧니 · 139
과메기가 이긴 날 · 142
자원봉사 · 146
가을 음악회 · 150

파란 그리움 · 122
가을 바다 · 125
모기 · 128
해외여행 · 130
커피 · 133
적과의 동침 · 136
건치상 · 138
태풍 힌남노 · 140
수도꼭지 · 145
부부싸움 · 148

제1부
내 안에 심은 꽃

사랑이 더 좋다 | 바다와 하늘 | 봄비 | 골목길
흐린 오월 | 잔디의 철학 | 봉숭아꽃 | 삼월 삼짇날
가을 | 하늘에 그린 얼굴 | 가을 하늘 | 가랑잎
가을비 | 아픈 영혼 | 또바기 | 은행잎 | 사랑을 피우다
내 안에 심은 꽃 | 맑음 | 해바라기 | 나의 하나님
36.5 | 이루어질 수 없는 사랑 | 까만 국수

사랑이 더 좋다

눈을 감아도,
눈을 떠도
보이는 건 하늘뿐

사랑했다, 미워했다,
그리고 또
사랑했다가
다시 미워해 보았지만,

이젠
사랑만 하기로 했다.

해 보니깐,
당신—
사랑이 더 좋다.

바다와 하늘

오늘따라
바다가 애교를 떤다.
하늘이 점잖게 웃는다.

바다는
파도까지 친다.

하늘은
조용히 타이른다.

바다가
새침하게 삐진다.
하늘이 양팔 벌려
그 바다를 안아 준다.

당신 품이
따뜻하다.

봄비

봄비가 내린다.
엊그제 옮겨 심은 꽃,
맘껏 자라라고
뿌리에 빗물을 준다.

나도 저 꽃처럼
위로받고 싶다.

일흔 살을 사는 동안
많이 아팠다.
이제는 꽃으로,
꽃처럼,
꽃답게 살고 싶다.

제비꽃도, 라일락도,
어제 만난 삼색도화도
오늘 내린 봄비에
저리 환하게 웃는데
나도 이제 꽃이고 싶다.

꽃이 나를 알아보고
부드러운 향기를 내미는,
여유 있는 꽃이 되고 싶다.

골목길

꽃으로 말해요
시간의 꽃,
기다림의 꽃.

장미꽃 만발한 골목길에서
그이 손잡고
조용히 걷고 싶어요.

걷다가, 걷다가,
그 길을
내 안으로 옮기고,
다시 걷고 싶어요.

흐린 오월

오월 여섯째 날,
하늘은 흐리고
초목은 고요하다.

빨랫줄에 앉아 재잘거리던
제비가 보이지 않았다.

꽃밭의 튤립과 철쭉이
예뻐 보이지 않고,
반려견 멍멍이마저 집에서
나오지 않는 이상한 날이다.

이상함을 이상하게 바라보다가
이상함에서 벗어나려고
커피를 마신다.

친구 같고, 연인 같고,
가족 같은 커피가
나를 위해 있는 것 같아
기분이 좋아진다.

갑자기 당신 생각이 나서,
축 처졌던 일상에
생기가 돈다.

선물 같은 하루가
이어진다.

잔디의 철학

잔디에는
잔디만 있는 줄 알았다.

쌀자루에는 쌀만 있고,
보리쌀자루에는 보리쌀만 있듯
잔디밭에는 잔디만
자라는 줄 알았다.

그런데 민들레도 있고,
냉이와 달래까지 싹이 나서
꽃을 피운다.

봉숭아꽃 옆 채송화는
꽃으로 인정받고
사랑까지 받지만,
잔디밭의 민들레는 잡초다.

옮겨 심는 것도 아니고,
뽑혀 던져진다.

나도 꽃이라고
변명도 못 해 보고 사라진다.

나도,
잡초가 되지 않으려고
아침마다 내 안에 물을 준다.

사랑과 베풂이 자란다.
36.5도로 자란다.

봉숭아꽃

봄비 맞으며 꽃씨를 뿌렸는데

가을비 맞으며 꽃을 보낸다.

뜨거운 땡볕에도
피 같은 붉은 잎 피워 내던 봉숭아꽃

홀연히 자연으로 돌아가는
떨어진 꽃잎이 더욱 곱다.

나도 꽃처럼 살았으니
꽃처럼 가고 싶다.

삼월 삼짇날

응가 마려운 강아지처럼
안절부절못하고
반나절을 보냈다.

안 오려나,
그럴 리 없는데.

해그림자 뉘엿뉘엿할 때
까치를 앞세우고
마중 갔던 제비가 왔다.
행운 가득 담아.

설렘을 주고,
웃음을 주는 당신,
당신도 제비다.

박씨는 안 물어 와도
제비가 맞다.

가을

보라색 바지
연두색 셔츠에
분홍 스카프

거기에
해바라기 미소와
애교스러운 손짓까지

아- 난 말 못해.

당신 좋아하는 마음
들쑤셔
분홍으로 물들었다고,
돈을 준다 해도
말 못해.

하늘에 그린 얼굴

미술에 소질이 없는 나도
그려보고 싶어지는 하늘이다.

기다란 장대로 툭 치면
우수수 쏟아질 것 같은
뭉게구름이다.

어제 내린 소나기에
말갛게 목욕이라도 한 것처럼
더없이 맑다.

파란색은
더 파랗고,
흰 구름은
더 희게 빛난다.

기어이
보고 있는 하늘을
내 안에 담았다.

보고 싶은 당신,
하늘 위에
얼굴이라도 그려야겠다.

가을 하늘

글쟁이들이 바쁘다.
글단지 안에
가을 하늘을 주워 담느라 바쁘다.

그림쟁이들도 바쁘다.
화폭 속에
가을 하늘을 담아내느라 바쁘다.

노래쟁이들도 바쁘다.
가을 하늘을 노래하느라 바쁘다.

모두가 바쁘다.
나도 덩달아 바쁜 척한다.

파란 하늘이
엄지척해 준다.

가을 하늘, 참 좋다.
그이도
가을 하늘을 닮았다.

가랑잎

뒷산에서 내려왔을까?
옆집에서 월담을 했을까?
마당에 덩그러니 누워 있는
가랑잎 하나

가만히 들여다보니
일장춘몽이 고스란히 담겼다.
낙엽귀근(落葉歸根),
네 글자로 가랑잎을 위로했다.

머잖은 날에
내 모습을 그리는데,
지나가는 바람이
아직 멀었다며
가랑잎을 날린다.

가을비

가을이 운다.

농익은 열매가 울고,
노랗게 물들던 은행잎도 운다.
고개 숙인 벼이삭도 울고,
꽃망울 가득 품은 국화도
소리 없이 운다.

곱게 사색하던
내 마음속 가을도
흠뻑 젖어 있다.

하늘이 우니까
산천초목이
울음바다다.

가을비는
눈물인가 보다.

아픈 영혼

아프다.
허리, 어깨, 무릎, 팔이
아픈 것이 아니다.
생각이 아프다.

이성과 감성까지 아프다.

한 바가지 토해 내고 싶다.
토해 낸다고,
나을 병이 아니라는 것을 안다.

그저
생각 속 면역력이
부족한 것일 뿐이다.

이 생각을 앞세워
생각 주머니 속 먼지를
털기로 했다.

먼지는
저들끼리
바스락거리며
떨어져 나간다.

또바기

'또바기'
어원이 좋다.

언제나
한결같고
변함이 없는.

그 어원이 좋아서
예명으로 쓴다.

또바기답게,
또바기처럼,
또바기다운.

나를 생각하고,
나를 다듬는다.

늘 그랬왔듯
오늘도
또바기로 산다.

은행잎

은행잎은 안다
자연의 섭리를.

아니,
나에게도
드러내지 않았을 뿐,
은행잎처럼
진한 사랑이 있다는 사실을.

사랑을 피우다

함께해요.
힘을 내세요.
우리가 있잖아요.

봄향기보다 향기롭고,
봄꽃보다 더 꽃다운 꽃이
세상의 빛과 소금이 되자며
한자리에 모였다.

마음을 보태고
물질을 보태고
시간을 보태며
사랑을 행동으로 드러내는 일.

그 일을 즐기며 해내는
홀트 경북 후원회 회원
우리는 서로에게 웃는 꽃이다.

사랑을 내밀며 다시 피운 꽃,
그 이름은
사랑이다.

내 안에 심은 꽃

양갈래 머리 땋고
진회색 주름치마에
까만 단화를 신었었다.

이광수의 『사랑』을 읽으며
눈물을 흘렸고,
크로닌의 『천국의 열쇠』를 읽으며
진정한 믿음과
사랑을 어렴풋이 깨달았다.

사회복지를 배우며
나눔을 배웠다.
내 심장 한가운데
그 나눔으로 꽃씨를 심었다.

부유하지 않았지만
인색하지 않으셨던
부모님의 피가
내 일상 속에서
이미
내비게이션이 되어 있었다.

맑음

아침은 맑다.
닭장에 닭도 맑고,
어제 심은 산딸기나무도 맑다.
고개 든 상추와 케일,
대파까지 웃는 걸 보니
텃밭도 맑다.

괴산에서 이사 온 튤립이 웃고,
수국과 화살나무도
근육질을 뽐내는 걸 보니
꽃밭도 맑다.

보이는 것마다
다 맑음이다.

우리 집이 맑음이듯,
대한민국도 맑음이고,
그 안의 모두가
늘 맑음이었으면 좋겠다.

해바라기

나보다 키가 커서 안 좋아했다.
얼굴이 너무 커서 안 좋아했다.
노란 꽃이라 안 좋아했다.

그런데 좋아하기로 했다.

해님만 바라보는
해바라기가 좋아졌다.

그러다 나도
주님만 바라보는
해바라기가 되었다.

나의 하나님

무서울 게 없었다.
자랑할 건 많아도
감출 것은 없었다.

내 것은 내가 지킬 수 있어
나는 강하니까.
고집도 황소였다.

열 살 때 만난 예수님도
친구일 뿐이었다.

거친 바람이
나를 향해 불었을 때,
나의 지혜가
멈추게 한 줄 알았다.

주님은 언제나 잠잠하셨고,
주님은 언제나 인애하셨다.

모든 걸 아셨고,
모든 걸 계획하셨고,
모든 걸 준비하셨다.

고난을 주셨고,
열매도 주셨다.

고난을 통해 기도를 배웠고,
열매를 통해 감사를 배웠다.

말씀을 통해 믿음을 알았고,
믿음을 통해
구원의 확신도 알았다.

모든 걸 모아서 품었더니
사랑이었다.

36.5

내 사랑 온도다.
내 성품 온도다.

뜨겁지도,
차갑지도 않은 온도.

더 올라가면 고열이고,
더 내려가면 저온이다.

올라가도 안 되고,
내려가도 안 되는 온도.

변질이 안 되는 온도,
부드러운 온도,

사랑하기 딱 좋은 온도
사랑받기 딱 좋은 온도다.

어제도, 오늘도, 내일도
나는 늘 36.5도
사랑을 한다.

이루어질 수 없는 사랑

포기했다.

사랑을 구걸하지 않을 것이고,
사랑을 퍼 주지도 않을 테다.

부부는
붙박이장 같은 정으로
사는 거란다.

달콤하지도 않고
설레지도 않고
향기롭지도 않은

숭늉 맛 같은 게
정이란다.

나의 감성과 이성은
아직도 에스프레소 향기를 원하지만,
숭늉처럼 살란다.

까만 국수

대여섯 살이었나 보다.
장에 가시는 엄마 손을 잡고
깡충깡충 따라갔다.

언니는 숙제를 해야 하고,
동생은 어렸다.

하늘도 구름도 바람도
내 편이었다.

십 리 길이었지만
날아갈 듯 걸었다.

메리야스 가게에 가서
식구들 속옷을 사시고,
만물상에 가서
빨랫비누, 세숫비누, 치약,
미원도 사셨다.

장터에서 아는 이를 만나
반가운 인사 끝에
식당에 갔다.

난생처음 식당걸음을 했다.
까만 국수가 나왔다.
(지금 생각해 보니, 그게 내 생애 첫 짜장면이었다.)

엄마가 휘저어 섞어 주시고
먹어 보라고 하셨다.

나는 그때까지
숟가락으로만 밥을 먹었는데,
엄마는 모른 척하시고
이야기꽃에만 열중이셨다.

내가 까만 국수를 먹느라
얼마나 힘들어하는지는
안중에도 없으셨다.

나무젓가락으로
별짓을 다해 가며
맛난 국수를 먹었다.

한참 만에야
엄마는 나를 돌아보고
둘째라고 인사를 시키셨다.

아주머니는 내 입가를 닦아 주시며
"이쁘구나!" 하셨다.
엄마는 "착하다." 덧붙이시고

나중에야 알았다.
그 아주머니 집에
딸이 없어서
나를 탐낸다는 걸.

엄마는 딸이 셋이나 되니까
나는 부잣집에서
공주처럼 살라고 하셨단다.

결국 아버지의 반대로
부잣집 양녀는 못 되었지만,

나의 유년은
맑음이다.

제2부
오빠의 월광 소나타

기억 도둑 | 꽃처럼 곱다 | 잃어버린 소녀 | 누구세요?
웃음보 | 틀니 | 아버지 | 연필 냄새 | 아버지와 연필
몽당연필 | 새끼줄 | 고추잠자리 | 산딸기 | 성못길
소나기 | 최고 멋쟁이 | 냄새 | 월광 소나타 | 도도한 언니
사랑할 줄 아는 아우 | 경계선 | 월하의 공동묘지
오빠와 남동생 | 보름달 | 칼국수와 수제비

기억 도둑

곱디고운 어른이셨다.
용모가 너무 뛰어나
보쌈당할까 봐
열아홉 나이에 시집을 갔다.

연년생으로
아들 셋을 낳고,
남편은 군대를 갔다.

층층시하 어르신을 모시고,
세 쌍둥이 같은
아들 셋을 키우며
삼 년을 기다렸다.

그러나 제대한 남편은
서울 여자를 만나
총각 행세를 하다
딸을 낳았다.

결국 스물여섯,
꽃다운 나이에
두 집 살림을 해야 하는
신세가 되었다.

얼마나 기가 찼을까.
얼마나 아팠고,
또 얼마나 억울했을까.

그 시절은
그랬단다.

다행이다.
그 기억,
알츠하이머에
도둑맞았다.

꽃처럼 곱다

아흔 살 어머니가
노래를 부른다.
'따오기'를 부르고,
'오빠 생각'을 청아하게 부른다.

'홍시'를 부르고,
'고장 난 벽시계'를
구성지게 뽑아내시던 어머니.

소학교 때 배운 무용을 하고,
팔십 년 전 운동장의 풍경도
명료하기 그지없다.

이리 멋진 어머니가
아침에 드신 미역국도 모르고,
생리적 신호조차 감지 못하신다.

어릴 적 기억들은
비단보자기에 싸 두었나,
잘도 기억한다.

알츠하이머 옷을 입고,
열두 살 여자애로 다시 사는
아흔 살 어머니 얼굴이
곱다,
꽃처럼 곱다.

잃어버린 소녀

구십 어른이
열 살 계집애로 사신다.

팔십 년 전,
열 살 때 다니셨던
소학교 여학생으로 사신다.

창가를 부르고,
구령을 외치고,
일본말로 교장 선생님
훈시도 하신다.

약을 드실 때도
조신하게 드시고,
뒤꿈치도 들고
걸어 다니신다.

도둑질해 간
그 기억,
현상 수배한다.

누구세요?

아흔 살 시어머니와
일흔 살 며느리가 동거한다.

시어머니는
날마다 기억을 도둑맞는다.
돈도 도둑맞고,
틀니도 도둑맞는다.

그 범인은
늘 며느리다.
오늘도 주머닛돈을 드리며
용서를 구한다.

이런 거,
백 번이라도 할 테니
"누구세요?"
그 말만 하지 않으셨으면….

웃음보

가랑잎이 구르지 않아도,
내가 방귀를 뀌지 않아도,
막내아들을
아저씨라 부르고도 터진다.

웃음보,
알츠하이머에 감염되있나?
때와 장소도 가리지 않고,
시도 때도 없이 터진다.

틀니

이가 없으면
잇몸으로 산다.
틀렸다,
틀니로 산다.

이건
숨겨 둔 사랑처럼,
AI도 모를 거다.

아버지

앞산에
라일락꽃이 피고,
아카시아꽃도 피었다.

벚꽃 진 자리에
꽃이 어울려 피었다.

나비가 꽃을 찾아오고,
그루터기 아래 개미들은
줄지어 이동한다.
그 끝에서 새가 운다.

삶이 꿈틀대는 이 멋진 봄날,
그리움 한 조각
목젖에 걸려
삼킴을 거부한다.

스무 살 어느 봄날,
아버지 손잡고 오르던
뒷동산도
오늘 같았다.

연필 냄새

볼펜보다
연필이 좋고
만년필보다도
연필이 좋다.

노란색 연필을 쥐면
병아리 냄새가 나고,
빨간색 연필을 쥐면
사과 냄새가 난다.

이보다
더 좋은 건,
연필을 깎아 주시던
아버지 냄새

깎은 연필을 내밀며
웃으시던
아버지 얼굴이다.

아버지와 연필

요즘도
연필만 보면,

작은 칼 갈아
연필을 깎아 주시던
아버지의 사랑.

짧아질수록
길어지던
아버지의 사랑이
그립다.

몽당연필

연필 한 다스를
상으로 받았다.

고운 색깔
열두 자루가
나란히 들어 있었다.

그래도
손이 가는 건,
몽당연필이었다.

언니와
오빠에게 치이고
동생에게 치이면서,

견뎌 내야 하는
나를 닮아서.

새끼줄

아버지는
빈 시간이면 새끼를 꼬신다.

윗방은 공부방이지만,
아버지의 새끼 꼬는 방이기도 하다.

정갈하게 다듬은
지푸라기 한 단을 세워 놓고,
가부좌로 앉으셔서
손바닥에 침을 두어 번 묻히신다.

나도 아버지 옆에 앉는다.
다섯 개씩 꼴 때도 있고,
세 개씩 꼴 때도 있다.

나는 정확하게
다섯 개나 세 개를 쥐고 있다가,
아버지가 손을 벌리시면
손바닥 위에 놓아 드린다.

슥슥, 삭삭
새끼 꼬는 소리는
크지도 작지도 않게 방 안을 채우고,

아버지의 옛날이야기는
지금도 나를 채운다.

고추잠자리

빨간 고추잠자리 한 쌍이
앞서 날아간다.

넓지도, 좁지도 않은
시멘트 오르막길을 걸어가고 있다.

밤새 떨어진 도토리들이
발밑에 마구 깔려 있다.

고욤나무의 고욤도
익어 감을 자랑한다.

군데군데 꽃무리가
손을 흔들고,
도토리나무 잎 사이로
하늘 조각들이 맑게 웃는다.

이 길 끝엔
아버지와 어머니가
영면해 계신다.

마음은
그 끄트머리를 향해 달려가지만,
걸음은
도토리 키를 재고 있다.

앞서가던 고추잠자리 한 마리가
어깨 위에 내려앉아,
동그란 눈 흘기며
내 걸음을 재촉한다.

산딸기

작은 고추가 맵다,
작은 산딸기는 달콤하다.

6월이면 장기 고을엔
보석 같은 산딸기 꽃이 핀다.

잎새 뒤에 숨어 있다가
불쑥 고개 내민 붉은 열매
그건 단순한 보석이 아니다.
장기 사람들의 삶이 깃든 열매,
고장의 이름을 빛내는 특산물.

한 알 한 알,
노고의 땀방울이
햇살 속으로 천천히 익어 간다.

6월 땡볕이 쏟아지는 밭으로 나서
가시덤불을 헤치며 붉은 꿈을 딴다.

등록금도 내야 하고,
에어컨 한 대쯤 들여야 하지만
그들은 웃는다.

맛있게 먹을 사람을 떠올리며,
수고로움마저 달콤한 열매로 바꾼다.

초여름 어느 날,
모자에 산딸기를 담아 오시던 아버지.
입에 넣어 주시던 그 맛이
지금도 혀끝에 남아
아버지를,
내 고향을 그립게 한다.

산딸기는
아버지다.
그리고
내 고향이다.

성묫길

사물놀이 풍악이
천상의 소리로 퍼지고,
구름과 바람은
가을빛으로 곱게 익어 간다.

숙제하듯 찾아뵙는
성묫길에,
익어 가는 가을이 곱다.

빛나는 풍광에 빠져
성묫길은 더디기만 한데,
오만 가지 생명들이
"여기요, 여기요!" 하며
손짓을 한다.

활짝 핀 나팔꽃이
나보다 더 행복해 보이고,
떨어진 알밤이며
벌레 먹은 대추알도
이쁘기만 하다.

노랑나비 한 쌍이
다가와 맴돌며 하는 말

"예전이나 지금이나
굼벵대는 데는 일등인데,
사랑은 어떻게 한 걸까?"

소나기

장대같이 퍼붓는 소나기에
꽃들이, 나무들이, 곡식들이
춤추며 노래한다.

나도 뛰쳐나가
목청껏 노래하고 싶다.

지열 때문에
뽀얀 안개가 마당 가득하다.

안갯속을 헤집고
낯익은 모습이 뚜벅뚜벅 걸어온다.

커다란 밀짚모자
허리춤에 걸린 누런 수건
철퍼덕거리는 장화 소리
딱 봐도 우리 아버지다.

태풍이 몰려와도
소나기가 퍼부어도
천둥번개가 쳐도
우산 한 번 안 쓰시던 아버지.

소나기 퍼붓는 날이면
아버지가 더욱 그립다.

최고 멋쟁이

아버지가
새 옷 입으신 걸
본 적이 없다.

깨끗하게는 입으셨지만,
언제나 무색옷 단벌이셨다.

어머니는 달랐다.
한복도 입으시고,
브로치 꽂은
블라우스도 입으셨다.

하지만,
지금 생각하니
두 분 다
최고로
멋쟁이셨다.

냄새

엄마 옆을 스칠 때면
젖 냄새가 났다.

아버지 옆을 지나면
낙엽 타는 냄새가 났다.

오빠에게
잉크 냄새가 났고,
언니에게서
비누 냄새가 났다.

동생에게
공깃돌 냄새가 나고,
막내에게서
설탕 냄새가 났다.

그렇다면
나에게서는
무슨 냄새가 났을까.

월광 소나타

피리가 없어도
피리 소리가 났고,
나팔이 없는데도
나팔 소리를 냈다.

가진 거라고는 입술뿐인데
오빠는 입술을 모아
소리를 내고 노래까지 불렀다.

엄마는 시끄럽다고 했고
아버지는 쓸데없는 소리라 하셨지만
나는 오빠의 휘파람 소리가 좋았다.

하늘에서 내려오는 소리 같고
달빛에 비치는
구름이 내는 소리같이 좋았다.

나중에야 알았다.
오빠의 휘파람 소리는
옆집 언니를 위한
월광 소나타였다는 걸

휘영청 보름달이 떠오르면
오빠는 휘파람을 불었다.
때로는 처량하게
또 때로는 은은하게
마음에서 소리를 쏟아내곤 했다.

오빠의 휘파람이
언제쯤 멈추었는지 모른다.
별이 된 오빠에게
물어보고 싶다.

별나라에서도
휘파람을 부는지,
엄마와 아버지도
여전히 시끄럽다고 하시는지
물어보고 싶다.

도도한 언니

노란 단풍잎을 닮은
우리 언니는 참 도도하다.

맑은 눈동자는
깔끔한 은행알을 닮았고,
선이 고운 입술은
반짝이는 은행잎을 닮았다.

노란 은행잎도 도도하다.
갈바람이 불어도
굴러다니지 않고
나무 아래 차곡차곡 쌓인다.

은행 열매는 더 도도하다.
하루에 다섯 개씩만 먹으란다.
더 먹으면 부작용을 일으킨다.
약속을 지키면 이로움이 많다.

이로움 또한 도도하다.
흔한 진통제도 아니고
위장약도 아니다.
혈의 흐름을 돕고,
뇌신경에 이롭단다.

나는 연예인 닮은 동생보다
도도한 언니를 더 좋아한다.
하지만 울 아버지는
초가집 지붕 위에
환하게 웃는 누렁이 호박 같은
내가 더 좋다고 하셨다.

사랑할 줄 아는 아우

두 살 아래 아우는 참 예쁘다.

내 눈에는
유명 연예인들보다
내 아우가 더 예쁘다.

내 아우는 팔방미인이다.
규방칠우, 문방사우,
음식 솜씨는 대장금이다.

조그만 체구에 숨겨진
에너지와 사랑은
태평양보다 넓다.

오백 평 너른 가옥에
꽃대궐을 이루고 산다.

사랑을 줄 줄도 알고
받을 줄도 아는
음전한 여인네.

이런 아우가
내게는 보물이고,
빛이다.

경계선

올라가면 천국이고
내려가면 지옥일 텐데
그 경계선에서
생(生)과 사(死)가 널뛰기한다.

맥박기를 매달고
산소마스크를 쓴 채
의사는 바쁘게 지시하고,
간호사들이 메모하느라 정신 없다.

의학 전사들이
공중에서 펼쳐지고,
AI도 구석에서 거든다.

한 생명이라도
더 건져 내려고
사투를 벌이는 중환자실에
시동생이 누워 있다.

의학 기술과
우리 기도가
생(生)과 사(死),
그 경계선을 가로막고 있다.

월하의 공동묘지

엉덩이 닮은 복숭아 들고
기어이 눈물 한 방울 떨군다.

여름날 저녁이면
동네 사람들이 라디오가 있는
우리 집 마당으로 마실을 왔다.

'월하의 공동묘지'
남자 성우가 으스스하게 말하면
모두 무릎 아래로 고개를 숨기고,
어깨를 떨면서 귀는 쫑긋

무서움이 극에 달할 때쯤
복숭아 서리 갔던 오빠가 돌아와
설익은 복숭아를
눈물 위에 던진다.

내게 복숭아는 오빠고,
오빠는 복숭아였다.
그리고
'월하의 공동묘지'다.

참 많이 그립다.

오빠와 남동생

아홉 살 위에
오빠가 있고,

열 살 아래
남동생이 있다.

오빠는 왕이었고,
남동생은 왕자였다.

아버지 밥보다 더
하얀 쌀밥을 먹었고,

언니와 동생,
그리고 나는
늘 꽁당 보리밥을 먹었다.

쌀밥 먹던 오빠는
벌써 고인이 되셨고,

누나 등에 껌딱지처럼
붙어서 자란 남동생이
올해 예순이란다.

그렇지만 아직,
내게는
누나 등에 쉬야 하던
막내동생이다.

보름달

팔월 보름달 속에
엄마 얼굴이 가득하다.

둘째 딸 낳으시고
달 보고 울었다는 우리 엄마.

팔월 보름이 생신이지만
추석날이라 미역국
한 번 못 드셨다는 엄마.

엄마가 그리울 때면
보름달을 기다린다.

휘영청 보름달이 떠오르면
엄마 마중을 간다.

창가에서, 마당에서,
때로는 차 안에서
엄마를 만난다.

숙제 검사 받듯
쌓아 둔 희로애락을 끄집어낸다.

이심전심,
내 생각이 엄마 생각
엄마 생각이 내 생각

밤하늘은 보름달 속에
하얗게 미소 짓는 엄마 얼굴

내 삶의 등대다.

칼국수와 수제비

아침부터 비가 내리는 날이면
점심은 수제비였다.

오후에 비가 내리면
저녁에는 칼국수를 먹었다.

나는 국수보다
수제비가 좋았는데,
동생은 국수가 더 좋다고 했다.

요즘 같으면
수제비와 칼국수를 반반 넣어
'칼제비'를 했을 텐데,
그때는 몰랐다.

엄마가 왜
비 오는 날에 수제비를 하셨는지,
칠십 년을 살고서야 알았다.

사랑이 아니고는
할 수 없는 게,
수제비고
칼국수였다는 걸.

제3부
국수 같은 사랑

아들 | 웃는 집 | 국수 같은 사랑 | 회색 거짓말
신호등 | 저울 | 비밀 | 복덩이 | 아들 연필 | 둘 다 좋아
애교쟁이 | 별이 | 가을이 | 별이 그리고 가을이
초록 근육 | 얼룩이 | 생각 | 새순 | 빨간불 | 첫사랑
황금시대 | 조각구름 | 오이꽃 | 빛나는 밥상

아들

40년을 사랑했다.
숨 쉬는 순간까지 사랑이었고,
36.5도의 사랑을 했다.

뜨겁지도 차갑지도 않은
사랑을 했고,
한석봉 어머니의
떡을 썰던 사랑을 멘토로 삼았다.

무엇과도 바꿀 수 없고
견줄 수도 없었던 사랑,
그 고귀한 사랑이 꽃을 피웠다.

영국 국립대학 박사 취득,
우리나라 국가대표 전임 지도자,
대학 겸임교수,
명함을 세 개나 안겨 준 아들!

겸손하라고 일렀다.
털어서 먼지 안 나는
사람으로 살아 달라고 부탁했다.

사랑의 인내는 지독하게 썼지만,
오늘 그 열매는
꿈 아닐까,
볼을 꼬집어 볼 만큼
달콤하다.

웃는 집

하늘이 울면
바다도 따라 울고

하늘이 웃으면
바다는 저절로 웃는다.

당신은 하늘
나는 바다

우리 집은
가끔 울기도 했지만
늘 웃었다.

국수 같은 사랑

아이스크림 고르기보다
더 어려운 건
면 고르기다.

남편은 오직
한 가지만 고집하고

아들은 이것저것
다 먹어 보는 게 꿈이란다.

나는
선택의 여지 없는
국수다.

이래서
우리 집이 행복하다고
입소문 났나?

회색 거짓말

나는 하얀 거짓말을 하고,
남편은 빨간 거짓말을 한다.

그럼,
이걸 보고
거짓말을 배운
아들은?

그래서
우리는
거짓말을 못 한다.

신호등

우리 집에도
신호등이 있다.

절제 못 하는 남편은 빨간불
어영부영하는 아내는 노랑불
직진만 하는 아들은 초록불

그래서
서로 다를 수 있고
함께가 될 수 있게

신호등이 설치된
우리 집이 좋다.

저울

또,
저울을 꺼낸다.
양팔 저울 위에
남편과 아들을 올린다.

아들이 내려가면
남편을 누르고,

남편이 내려가면
아들을 누른다.

이렇게 누르다 보면,
아들 둘 키우는
엄마가 된다.

비밀

아들과 남편을
저울에 올리고,
수평을 바라는 마음.

아들에게는 비밀,
남편에게는
절대 비밀.

복덩이

남존여비(男尊女卑)는
금기어(禁忌語)가 된 지 오래다.
사위를 백년손님으로
부르는 것도 옛말이다.

요즘 백년손님은
며느리다.
왜 그렇게 부르는지
알 수 없지만,
그럴 만하니 그러겠지 한다.

나도 며느리가 있다.
나는 복덩이라고 부른다.
촌스럽다고
싫어하면 어쩌나 했는데,
도리어 고맙단다.

그러니
내가 복덩이인지,
며느리가 복덩이인지 모르지만
복덩이는 맞다.

아들 연필

나는 몽당연필도
아껴 썼는데

아들은
새 연필에도
감동하지 않는다.

나 혼자 아깝고,
나 혼자 아낀다.

그러다 알았다.
아들 생각 속엔
집 앞 키 큰 나무보다
더 큰 연필이 있었다는 걸.

둘 다 좋아

"엄마가 좋아?"
"아빠가 좋아?"

눈동자 굴리는 아들
'잘 찍어야 할 텐데.'

엄마 찍으면
햄 반찬 먹을 수 있고

아빠 찍으면
아이스크림 먹을 수 있다.

둘 다 먹고 싶은지,
"엄마, 아빠!" 해 놓고
양팔 벌려 안긴다.

역시,
우리 아들!

애교쟁이

너밖에 없다,
나를 침 발라가며
좋아해 주는 건.

중년 아들의
립서비스도 끊겼고,

칠십 대 그이는
립서비스가 뭔지도 모른다.

반려견 별이밖에 없다.
말은 하지 못해도
그것까지 다 좋다.

별이

세상 순하디순한 반려견 별이가
뿔이 났다.

몰티즈 가을이가 오기 전까지
사랑은 다 별이 거였다.

조막만 한 가을이가
입양된 후
가족들의 사랑이 변했다.

가을이는 밥도 다르고,
간식도 다르고,
바지까지 입었다.

서운해하다가,
슬퍼했다가,
이제는 뿔이 났다.

어제 아침에는
밥그릇을 엎더니,
오늘은 아침부터
으르렁거린다.

그래도 눈치를 못 채고
여전히 별이는
찬밥 신세다.

건방진 가을이가
꽁냥거리며 조용하라 하면
불난 집에 부채질 같아
더욱 화가 치민다.

혼자 나오기만 해 봐라
바지를 홀딱 벗기고
엉덩이를 깨물어 주겠다.

가을이

별이 누님이 출산을 했다.
여섯 번째 출산이고,
서른 마리를 낳았다고 했다.

이번에도
네 마리를 낳았다.
얼룩이 두 마리,
백구 두 마리.

아빠의 사랑이
가을이 나에게서
별이 누님에게로 바뀌었다.

날마다 통조림에
소시지까지 사다 준다.

내가 먹고 싶다고
꽁냥거려도
못 본 척하신다.

나는 슬펐지만
참아야 했다.

별이 누님은
내 동생을
네 마리나 낳았으니까.

별이 그리고 가을이

족보는 이러하다.

가을이는 몰티즈,
별이는 믹스다.

별이는 여덟 살이고,
가을이는 네 살이다.

별이는 마당 끝
오두막집에 살고,
가을이는 안채에서
가족들과 산다.

별이는 낮에 묶여 있고,
밤에는 자유롭다.
가을이는 늘 자유롭다.

별이는 바깥세상을
맘껏 즐길 수 있지만,
가을이는 유리창 너머로
세상을 구경한다.

별이는 가을이가
부럽지 않지만,
가을이는 별이가 부럽다.

나는 가을이 닮은
도시 사람일까,
별이 닮은
촌사람일까?

초록 근육

눈길 닿는 곳마다
초록이다.
초록나라에 있다.

앞집 냥이도,
우리 집 별이도 초록이다.
아마 봄도 초록일 듯하다.

그러니 집에 있으면
초록 엔도르핀이 솟는 듯하다.

초록나라, 초록 세상,
초록 사람들이
초록을 노래한다.

아차, 그런데
카키색 좋아하는 그이는
어쩌면 좋을까.

얼룩이

태어난 지 백일 된 얼룩이는
천방지축이다.

운동화 끈을 물어뜯고,
화분을 넘어뜨리고,
꽃대궁을 질겅질겅 밟아 놓았다.

사고뭉치에
눈치도 없다.

파리채로 맞고,
슬리퍼로 맞고,
언어폭행을 당해도

좋다고
졸졸 따라다닌다.

아마 강쥐들은
미운 일곱 살이 아니고,
미운 백일인가 보다.

생각

또
생각에 빠졌다.

겉사람과 속사람의
토론이 뜨겁다.

속사람은 진정성을 고집하고,
겉사람은 편리함으로 맞선다.

어제도 싸웠고
오늘도 싸운다.
내일도 싸울지 모른다.

털어내고 싶지만,
생각은 먼지가 아니다.

먼지만도 못한 것이
생각이라고 하는데

생각 속에 빠져 있는
내가 원하는 답은
무엇일까

AI에게
물어볼까?

새순

꽃보다 더,
꽃 같은 새순으로
초록초록해지는 봄

묵은 때 자국으로
얼룩진 장독대를 닦고 있다.

고추장 단지, 된장 단지,
꿀단지, 약단지까지 닦고
다시 닦았더니 연둣빛이 난다.

키 맞추고,
줄 바르게 세우니
장독대 앞마당도 봄봄이다.

감나무에 새싹이 돋고,
하루가 다르게
초록을 향해 달음박질친다.

나도 심장에 쌓아 둔
새순들을 꺼냈다.

꽃밭에 심고,
텃밭에 심고,
들판에 심고,
야산과 먼 산까지 심을 만큼
많다.

심은 만큼
다시 돋아나고,
기지개 켜는
기운찬 봄이 보인다.

빨간불

초록불이 꺼졌다.
주황불도 깜빡이더니
이내 사라졌다.

빨간불이 노려본다.
경고에도 불응했으니
이제 명령이란다.

내 꾀가 무너지는 순간이다.
지혜라 고집하던 것들은
아집일 뿐이었다.

총명함이
어리석음만 못하고,
지혜가 사랑을 이기지 못하였다.

주님은 사랑이셨다.
처음부터 사랑이셨고,
지금도 사랑이시며,
앞으로도 사랑을 주실 거다.

빨간불 앞에서
깨닫는 것도 사랑이었고,
사랑을 알면서도
갖지 못하는 것도 사랑이었다.

첫사랑

일분단, 이분단은 여학생,
삼분단, 사분단은 남학생이었다.

여학생은 앞문으로 다녔고,
남학생은 뒷문으로 다녔다.

운동장 줄을 설 때도
여학생 뒤에 남학생이 섰다.

사 학년 때 전학 와서
이 년 반 다니고 졸업했다.

지난해 동창회에 갔더니,
중늙은이 동기가 나를 보며
첫사랑이었다고 고백했다.

희미한 기억 위로
쏟아진 웃음이
밑줄을 그었다.

나에게 없는 첫사랑이
그 친구에게는 있었다니
이야기를 들어보니
나보다 나를
더 많이 기억한다.

책을 잘 읽어서
좋아했다고 한다.

예나 지금이나
내가 책을 잘 읽기만 하면
"임복희" 하는 걸 보면
좋아한 게 맞다.

그럼 혹시,
그 첫사랑
내가 받아주었다면.

황금시대

일천구백칠십사 년,
왕관표 골든스타에 입사했다.

머리 위에 왕관을 쓴
우아한 숙녀를 꿈꿨다.
하지만 삶의 현장은 달랐다.

선배들 심부름을 도맡았고,
늘 복잡한 업무는 산더미였다.

왕관을 벗고,
가슴에 담긴 희망을 눌러썼다.

단화 대신 운동화를 신고,
줄 나간 스타킹을 신은 채
부끄러울 틈도 없이 뛰었다.

퇴근 버스는
놓치기 일쑤였고,
지각하지 않으려
세수도 못한 채
뛰는 날이 수두룩했다.

수습 여섯 달이 지나
사원증을 받았다.
그날 화장실에 가서 울었다.

이 부서 저 부서를 돌며
칠 년을 하루같이 보냈다.

돌이켜보니
그 시절이
내 삶의 황금시대였다.

그 덕분에
오늘도 부지런한
내가 있다.

조각구름

파란 하늘 끄트머리에
아슬하게 걸려 있는
조각구름 하나

날아갈 듯
사라질 듯
애처롭게 매달려 있다.

길 잃은 강쥐처럼
헤매는 조각구름에
애처로움이 가득하다.

무엇을 찾는 걸까?
누구를 찾는 걸까?

문득 떠오르는
그리움 조각 하나

너였구나,
내 그리운 친구
너도 내가 그리워
먼길 왔나 보구나.

오이꽃

텃밭에 오이가 달렸다.
지난해 여름,
용출 언니 우리 집에 오실 때
노각 세 개를 가져오셨다.

함께 저녁을 먹고
집으로 가던 언니,
교통사고로 돌아가셨다.

손에 든 오이를 받으며
"고맙습니다.
언니를 닮았어요."
그 말에,
오이처럼 웃던 언니!

그 웃음,
억센 오이 위에
다시 꽃을 피웠다.
노랗게 웃는 꽃을 피웠다.

빛나는 밥상

별님 같은 오이지,
달님 같은 감자볶음,
해님 닮은 김치전,
왕자병 앓는 총각김치,
짝사랑밖에 못 하는
배추김치.

바다 향기 가득한
고등어조림,
단백질 덩어리
계란찜.

은하수 닮은 잡곡밥에
사랑밖에 난 몰라
사랑타령 된장국.

오늘도 빛나는 식탁이련만,
그이는
초라하다고 불평한다.

제4부
과메기가 이긴 날

명사십리 | 파란 그리움 | 능소화 | 가을 바다
딸 부잣집 김밥 | 모기 | 이사 | 해외여행 | 친구
커피 | 꽃물 | 적과의 동침 | 애국심 | 건치상 | 덧니
태풍 한남노 | 과메기가 이긴 날 | 수도꼭지
자원봉사 | 부부싸움 | 가을 음악회

명사십리

신창리 모래사장이
명사십리다.

가자미나 말리고,
찾는 사람도 없고,
잊혀져 가던 마을,
신창리가 새롭게 태어났다.

유명 카페가 들어서고,
모래사장에 벤치가 놓이고,
찾는 사람이 늘어나
인산인해를 이룬다.

기운 없던 바닷물이
다시 찰랑거리고,
금빛 모래가 더
반짝인다.

그냥 바다가 있는
어촌 마을로만 생각했는데,
요즘 들어 파도까지
아름답게 부서지는 신창리가
점점 좋아진다.

이러다,
당신보다
더 좋아지면 어쩌지?

파란 그리움

청명한 하늘이
하늘만큼, 땅만큼 보고 싶은데
하늘은 여러 날째
회색이다.

시집가기 싫다고
장독 뒤에 숨어
소리 없이 울던
애순이 언니가 생각난다.

유치원에 가기 싫다고
떼쓰던 아들도 생각난다.

나는 공활한 가을 하늘이
보고 싶다고 떼쓰고 싶다.

뽀얀 양떼구름도
보고 싶다고
소리 지르고 싶다.

살랑살랑 불어오는
가을바람 소리도 듣고 싶고,
바스락거리는
가랑잎 소리도 듣고 싶은데

하늘은 무심하게
울기만 한다.

능소화

화려한 장미보다
촌스러운 꽃
능소화 가득 핀 골목길이
더 좋다.

그이에게
말해 주고 싶다.
능소화 꽃말을.

가을 바다

와글와글하던 모래사장에
조개껍데기들이
소꿉놀이한다.

귀티 나는 백합조개껍데기가
노란 은행잎 위에 앉아서
가을을 노래하고,

가랑잎 닮은 키조개껍데기가
추임새를 넣는다.

심술꾸러기 불가사리가
빨간 단풍잎을 보고
음흉한 웃음을 흘리고,

짝 잃은 물새 한 마리가
쓸쓸함 속에 갇혀서
허우적거린다.

인적 떠난 바닷가에
파도 홀로
널뛰다 멍이 든다.

딸 부잣집 김밥

별 다섯 개로 왕관을 만들어
미숙이 머리 위에 씌워 주고 싶다.

미숙이가 커다란 입을 벌리고
하늘 향해 웃었을 때,
나는 눈물이 났다.

장승포에서
딸 다섯을 키우다 이혼하고
대폿집을 하며 고생하던 친구.

장승포에서
술을 벗 삼아 지내는 미숙이를 만나
김밥집을 권했고,
몰래 재료비를 두고 왔다.

그 돈으로
김밥집을 차렸고,
성공했다.

다시 만난 미숙이,
직접 만든 김밥을 먹으며
웃고 놀다가 일어서는데

"그때 두고 간 이십만 원이야.
그 이천만 원도 주고 싶었던 거 알지?"

우정이 뭔지,
미숙이는 하늘을 보고 웃었고
나는 하늘을 보며 울었다.

모기

모기 입이 삐뚤어진다는
처서다.

이겼다!
독하기로 이름난
포항 모기를 이겼다.

연합군의 도움을 받아
북한군을 밀어낸
6·25전쟁처럼,
날씨 도움 받아 이겼다.

포로수용소가 없어,
입 삐뚤어진 모기를
고향으로 돌려보냈다.

이사

친구가 이사를 했다.
돌아올 수 없는,
영원한 집으로 갔다.

이사 가기 이틀 전,
두 손 잡고 우정을 나누었었다.
가쁜 호흡 몰아쉬며
꽃보다 더
꽃같이 웃어 주던 친구.

학교 점수는
늘 오십 점 미만이었지만,
삶의 점수는 백 점이었다.

그런 친구가 갔다.
삶의 점수도
오십 점 미만이었다면,
그래도 갔을까?

친구가 떠난 자리에서
나를 채점한다.
동그라미가 몇 개인지
셀 수가 없다.

해외여행

우정을 핑계 삼아
동창생 다섯이 일본에 갔다.

가끔 만나 수다는 떨었지만,
생뚱맞게 해외여행이라니.
캐리어를 사고,
용돈 구걸도 해서 출발했다.

다섯 명은 안 좋다.
택시도 두 대에 나눠 타야 하고,
식당도 둘, 셋 따로 앉아야 했다.

문제는 숙소였다.
호텔엔 다섯이 함께 잘 방이 없단다.
차라리 패키지를 할 걸 그랬다.

열 살 때나 쉰 살 때나
덤벙대는 친구 따라갔다가
기억나는 건
"2인 할래, 3인 할래?" 뿐이다.

그나마 노천탕에서
물장구치며 깔깔대던,
천진난만했던 순간들이
아직도 생생하다.

친구

부모 팔아 친구 산다더니,
알록달록
단풍 같은 마음들이 모였다.

허리야,
다리야,
혈압에 당뇨까지

약봉지 한두 개씩 챙겨
소풍길에 나섰다.

입담 좋은 친구들 허풍에
날 새는 줄 모르고,
연신 터지는 폭소,
용솟음치는 엔돌핀.

부모 팔아,
친구 살 만하다.

커피

순자는 커피를 마시고
나는 우유를 마셨다.

순자는 가끔 우유도 마셨지만,
나는 커피를 마셔 보지 않았다.

우유는 나를 닮았고,
커피는 순자를 닮았다.

나는 내 우유만 마시는데,
순자는 내 우유를 빼앗아
커피에 부어 마신다.

그게 더 맛있다고.

지금은
나도 커피를 마신다.
라떼만 마신다.

커피잔 속에
순자가 숨어 있다.

꽃물

봉숭아꽃
흐드러지게 피면,
엄마는 꽃잎을 따서
세 딸 손톱에 올리고
피마자 잎으로 감았다.

밤새 손톱에서 떨어질까 봐
몸부림도 못 치고
칼잠을 잤다.

동생 먼저, 언니 먼저,
그러다 동시에 푼다.

놀라고, 기쁘고,
행복한 기분!
아침밥도 거르고
학교로 달려가
교실 문 여는데

나보다 먼저
내미는 순임이 손.
더 곱다,
더 예쁘다.

봉숭아꽃이 피었다,
예쁘다며
손 내밀던 순임이.

지금,
어디서 살까.

적과의 동침

진달래꽃처럼 순수한
바닐라 아이스크림이

악마의 맛,
에스프레소를 사랑한다.

나도
아포가토를 닮은
당신을 사랑한다.

애국심

병원 앞 분식집에 갔다.

허기진 뱃속이
아무거나를 외치는데
도리가 없었다.

깐깐한 입맛은
빼곡한 메뉴판을
두 번쯤 읽게 한다.

"콩국수나 먹을까?"
"아니, 물냉면을 먹을까?"

결정이 어려운데
콩국수 옆 괄호 안에
(콩 중국산)이 보인다.

"물냉면 주세요."

건치상

초등학교 3학년 때
건치상을 받았다.

충치가 없고
이를 잘 닦았다고 받은 상이다.

부상으로
칫솔과 치약을 받았다.
처음으로
내 칫솔이 생겼다.

연필보다 소중하게
칫솔을 간직했고,
이를 열심히 닦았다.

칠십이 넘은 지금도
치아는 건강하다.
건치상 덕분일까.

참, 그런데
이를 닦으면서
마음도 닦았는지,
사람들은 내게
마음이 더 예쁘다고 한다.

덧니

내 친구 순자는
덧니 때문에 예뻤다.

살짝 웃을 때면
덧니가 먼저 웃고
그 웃음이 얼굴에 번졌다.

친구들은 말했다.
"눈이 먼저 웃는 너보다
덧니가 먼저 웃는 순자가 더 예뻐."

나는 속으로 생각했다.
'그래도 가지런한 내 이가
더 예쁜데…'

세월이 한참 흐른 지금,
그 말을 곱씹어 보니
순자가 예쁜 게 맞다.

이렇게 문득,
그 미소가 떠오르는 걸 보니
친구들 말이 틀리지 않았다.

태풍 힌남노

자연재해라고 하지만
너무했다.
태풍 힌남노.

포항의 랜드마크인
포항제철소에도 들이닥쳤다.

자연의 힘은 강했고,
사람의 힘은 약했다.

아파트 지하주차장이 잠기고,
탈출하려던 주민은
끝내 나오지 못했다.

물에 잠긴 세간살이들이
도심에 쌓여 갔고,
터전을 잃은 이들이
자꾸만 늘어갔다.

망가진 살림보다
더 망가진 이들이
길가에 주저앉아 통곡했다.

공무원들은 밤낮없이 뛰었고,
봉사자들도
물불 안 가리고 분주했다.

'비 온 뒤 땅이 더 단단하게
굳는다'는 속담은
위로가 되지 못했고,

무너진 현실 앞에
생각은 멈추고,
감정은 움직이지 않았다.

하지만 우리에게는
6·25전쟁도 있었고,
일제 36년도 있었지만
모두 이겨 냈다.

광복으로 세운 나라
대한민국.
태풍이 지나간 포항도
그 대한민국이다.

과메기가 이긴 날

해풍에 꾸덕꾸덕 마른 꽁치가
처마 밑에 매달린다.

밥때가 되면
서너 마리 뽑아 껍질을 벗기고
밥상에 올린다.

겨울이면
할아버지는 늘 말씀하셨다.
"이게 진짜 별미다."

포항의 집집마다
처마 밑에는 꽁치 엮거리가 걸리고,
식사 때마다 그것을 뽑아 먹었다.

도시에서 시집온 새댁은
그 풍경이 낯설어
남편에게 사정했다.
"저것만은 먹지 말아요."

남편은 웃으며 고개를 끄덕였고,
새댁은 안도했다.

정월 대보름이 지나면 사라지고
김장철이면 다시 걸리는 꽁치 엮거리가
해마다 새댁의 근심거리였다.

"과메기란다."
꽁치면 꽁치지,
과메기가 뭐냐며 고개를 저었지만
세월이 흘러
멍게도, 아귀도 먹게 되었다.

그러나
날것의 꽁치만큼은
끝내 낯설었다.

남편은 그런 아내를
이해한다 했지만
아들에게 몰래 먹이다 들켰다.

새댁은 성을 냈고,
남편은 언성을 높였다.
"그깐 거 먹으면 어때!"

그날 저녁,
새댁은 과메기를 샀다.
배추쌈과 쪽파도 곁들였다.

이심전심,
남편은 보쌈을 사 들고 퇴근했다

과메기 올라간 밥상 위로
싱긋한 웃음이 피었다.
보쌈을 싸며 눈 흘기는 새댁.

그날부터
포항 과메기가 이겼다.

수도꼭지

틀 때마다 기분이 좋다.

물만큼 고마운 수도꼭지,
물만큼 소중한 수도꼭지.

두 발로 걷게 되면
수도꼭지를 틀 줄 알고,

수도꼭지를 못 틀게 되면
삶의 의미가 없게 된다.

나는 수도꼭지를 좋아한다.

하지만
아무도 모른다.
내가 수도꼭지를 사랑하고 있다는 걸.

자원봉사

마을회관에
사랑 꽃이 피었다.

사랑을 행동으로,
노란 조끼부대가 찾아왔다.

방충망을 고치고,
전등을 교체하고,
얼룩진 곳은
그림으로 재탄생시키고.

손톱에 물을 들이고,
염색을 하고,
화장도 해 준다.

잔칫날에나 받아보는 호사를 누렸다.

영정사진도 찍어 준다기에,
나도 칠순 기념으로 예쁘게
웃으며 찍었다.
영정사진도
날 따라 웃으면 좋을 것 같다.

모두 다 웃는다.
마을이 들썩들썩한다.

즉석 자장면도 먹었다.

폭염 속에서,
'자원봉사' 이름표 달고
비지땀으로 웃음을 안겨 주는
봉사자님들 심장은
아마도 곱디고운
핑크색일 것 같다.

부부싸움

나는 옳고
그이는 틀렸다.

틀린 걸 가지고
따지고, 삐지고, 토라지고,
밥도 안 했다.

청소도 안 하고,
세수도 안 하고

세상을 온통
검은 구름으로 덮어놓고
그 안에서 할딱할딱
숨을 쉬었다.

시간이 약이라더니,
검은 구름을 헤집고
한 줄기 빛이 들어왔다.

칼로 물 베기였다.

백 퍼센트를 포기하는 걸로
위안을 삼고
콩나물국을 끓였더니,

퇴근길에
그이 손에도
페리카나 통닭이 들려 있다.

가을 음악회

청소년 심포니 오케스트라가
장엄하게 울려 퍼지는
가을 들판.

길가에는 코스모스
발라드가 남실거리고,

앞산에는 짠짜라가,
뒷산에는 천상의 음악소리가
울려 퍼진다.

햇살도 반짝반짝
가을을 노래하고,
양떼구름들이
관람석을 메운다.

메뚜기가 춤을 추고,
가랑잎도 팔랑팔랑

참새는 독창을 하고,
고추잠자리가
피아노를 친다.

나비 넥타이로 멋을 낸
허수아비가 지휘를 하는
가을 음악회에 초대받은
나도 어깨춤을 춘다.

임복희 감성시집

내 사랑 36.5